MÉMOIRE

SUR

L'INSTRUCTION PUBLIQUE,

PRINCIPALEMENT

SUR L'ENSEIGNEMENT

DE LA LANGUE LATINE,

Par A. AUGIER-FAVAS, *ex-Oratorien.*

A VALENCE,

De l'Imprimerie de J. F. JOLAND.

1812.

MÉMOIRE

SUR

L'INSTRUCTION PUBLIQUE,

PRINCIPALEMENT

SUR L'ENSEIGNEMENT

DE LA LANGUE LATINE,

Par A. AUGIER-FAVAS, *ex-Oratorien.*

A VALENCE,

De l'Imprimerie de J. F. JOLAND.

1812.

AVANT-PROPOS.

Un de mes amis me pria de lui communiquer la méthode d'enseignement que je suivais. Vu la longueur et la difficulté qu'il y aurait eu à en faire faire des copies, je me déterminai à en faire une courte analyse, dont quelques copies sont tombées entre les mains de personnes, que leurs talens et leur longue expérience dans l'éducation mettaient à même d'en juger. Comme elles ont daigné goûter et approuver les idées contenues dans mon mémoire, je me suis déterminé à le faire imprimer.

L'éducation de la jeunesse sert à développer les facultés spirituelles, puisqu'elle sert à former la mémoire, à développer le jugement, à agrandir l'imagination et à orner l'esprit de connaissances précieuses qui rendent l'homme supérieur aux autres animaux. Par le corps nous ressemblons aux animaux. Notre ame créée à l'image de Dieu nous rapproche de la Divinité. Nos facultés spirituelles appartiennent à l'ame. Les différens organes du cerveau auxquels on peut les rapporter ne sont que les ressorts que l'ame fait agir pour diriger les mouvemens du corps par l'impulsion de ses facultés. Donc l'art qui sert à perfectionner et à développer les facultés spirituelles, tend à nous rapprocher de la Divinité, et est le plus beau et le plus sublime des arts, quand il est exercé comme il mérite de l'être.

Toutes les personnes à qui une longue expérience dans l'éducation peut avoir fait découvrir quelques idées utiles et quelques moyens propres à perfectionner l'éducation, ou à faciliter les études, me paraissent obligées de les communiquer. C'est un tribut que l'on doit payer à la société ; c'est même un devoir sacré. Comme quelques personnes éclairées ont cru voir rassemblés dans mon mémoire des principes épars dans les ouvrages de Port-Royal, de Rollin et de Pluche, et quelques idées neuves et utiles : j'ai cru de mon devoir de les donner au public, surtout étant sous un Gouvernement qui accueille volontiers toutes les idées libérales, qui a à cœur l'éducation et qui a formé le corps enseignant le plus imposant, investi des plus grands moyens pour améliorer et perfectionner l'éducation.

MÉMOIRE

SUR

L'INSTRUCTION PUBLIQUE,

Principalement sur l'Enseignement de la Langue latine.

PRINCIPES GÉNÉRAUX.

L'ESPRIT de l'homme est borné et n'a qu'une certaine étendue, il ne peut saisir et combiner qu'un petit nombre d'objets à la fois. Si on lui présente trop de difficultés à surmonter en même tems, on l'embarrasse, on le rebute.

Il y a peu d'idées simples ; la plupart sont composées, et elles le sont plus ou moins. Elles dépendent les unes des autres ; il faut donc procéder du simple au composé. Il faut connaître d'abord les idées simples, pour passer à celles qui sont composées, et les moins composées pour s'élever à celles qui le sont davantage. Pour bien saisir les idées composées, il ne suffit pas de connaître celles dont elles dépendent, il faut encore qu'elles nous soient fort familières, afin de pouvoir les combiner entr'elles.

L'instruction de la jeunesse serait extrêmement facile, si l'on pouvait ne présenter d'abord à l'intelligence des enfans, que des choses qu'ils pussent comprendre avec le secours seul de leurs petites connaissances, et qu'on pût ensuite les faire passer graduellement à des choses plus difficiles; de manière qu'ils eussent toujours les connaissances nécessaires pour résoudre les nouvelles difficultés. Il suffirait alors de les familiariser avec les premières connaissances acquises, afin qu'ils pussent plus aisément acquérir les nouvelles; mais ce choix est difficile à faire, et même impossible.

Comment saisir et suivre l'enchaînement de nos idées et de nos connaissances, de manière à ne passer jamais à de nouvelles choses, sans avoir appris aux enfans, celles dont elles dépendent, et les y avoir familiarisés ? Il faut donc se contenter de ne présenter d'abord aux enfans que les choses les plus à leur portée. Malgré cette précaution, ils rencontreront toujours des difficultés propres à les embarrasser. Quelquefois une légère explication peut suffire pour les tirer d'embarras ; mais non pas toujours. Dans ce dernier cas, au lieu de s'appesantir sur la difficulté, il vaut mieux la passer. Telle difficulté qui les embarrasse un jour, ne les embarrassera plus quelques jours après ; soit parce qu'ils l'auront vue présentée sous un point de vue plus facile, soit parce qu'ils auront acquis les connaissances nécessaires pour la résoudre.

Toutes nos connaissances se donnent les mains et dépendent les unes des autres. Il faut donc commencer par les plus aisées et celles qui peuvent servir de chemin aux autres. Il faut se servir des premières connaissances que les enfans ont acquises naturellement, pour les conduire ensuite à d'autres.

Comme les principes s'appliquent toujours plus facilement à des choses qui nous sont familières, qu'à des choses peu connues, il ne faut pas, au commencement, trop surcharger la mémoire des enfans, par des règles et des principes, avant qu'ils aient acquis, par l'usage, les connaissances nécessaires pour en faire aisément l'application.

Rassembler tous les principes d'une science et vouloir les graver dans la tête des enfans, avant qu'ils aient aucune idée de la science, c'est transformer les sciences les plus aisées en sciences métaphysiques ; c'est vouloir les effrayer et les rebuter. Apprenons d'abord aux enfans, par l'usage, ce qu'il est possible, et employons ensuite les principes, pour rectifier ce que le seul usage a de superficiel et d'inexact ; c'est la marche de la nature et c'est la plus aisée. Ce n'est qu'avec des personnes déjà formées et réfléchies, que l'on peut commencer par les principes ; encore faut-il s'en tenir, au commencement, aux principes généraux et ne passer aux règles particulières, que lorsqu'elles ont acquis les connaissances nécessaires pour en faire l'application aisément et d'elles-mêmes.

Dans quelle langue faut-il faire les premières études ?

Il faut faire commencer les études aux enfans dans leur langue maternelle, qu'ils savent en partie par l'usage, et qui est la seule qu'ils connaissent.

Le génie de la langue française est fixé ; elle est assez perfectionnée pour pouvoir servir de base à l'éducation et d'introduction à toutes les sciences ; et c'est la langue qu'il importe le plus de bien connaître. Elle fournit d'excellens modèles, et nous avons d'assez bons auteurs dans tous les genres, pour qu'on puisse former, par son moyen, d'excellens sujets et des hommes instruits, en suivant un plan d'étude en langue française, semblable à celui que les anciens suivaient en latin.

La connaissance des langues étrangères est utile dans bien de circonstances de la vie, et sert à orner l'esprit. L'étude d'une langue par principe, est encore très-propre à rendre bons grammairiens et à former le jugement. La comparaison des deux langues accoutume l'esprit à réfléchir, et la traduction apprend à s'approprier la beauté des idées, et la force des expressions qu'on est obligé de rendre : c'est même en cela que consiste le grand avantage de l'étude d'une langue. Les fruits qu'on retire de l'étude bien faite d'une langue, sont fort au-dessus des avantages qu'offre sa connaissance; c'est pour cela que les jeunes gens retirent toujours un grand avantage de l'étude du latin, quoiqu'ils ne fassent souvent aucun usage de cette langue, après être sortis du collège. Ils ont l'esprit plus solide et plus formé que les autres.

Les langues modernes peuvent, en quelque sorte, remplir cet objet;

mais la langue latine offre de plus grands avantages. Plus riche, plus harmonieuse, elle fournit de plus beaux modèles et d'un goût plus sûr. Utile dans tous les états, nécessaire dans beaucoup, elle peut être regardée comme indispensable et comme la clef de toutes les sciences.

L'étude de la langue latine est longue et pénible, beaucoup d'élèves sont rebutés par la difficulté de l'apprendre et peu parviennent à la savoir parfaitement; cela vient-il de la nature de la langue, ou de la manière de l'enseigner? La langue latine, plus riche et plus abondante que les autres, et se prêtant à toute sorte de constructions, est plus difficile qu'une langue pauvre qui, ne pouvant se prêter à beaucoup d'inversions, a une marche simple et toujours semblable; mais on peut assurer que la principale difficulté vient du mode d'enseignement.

Le laps du tems dont l'influence n'épargne aucune instiution humaine, le changement des circonstances et des usages ont entièrement dénaturé l'ancien plan des études. L'on s'en est écarté insensiblement sans le vouloir et même sans s'en appercevoir. Croyant le suivre, l'on suit une marche toute opposée. L'historique de tous ces changemens est exposé dans la méthode.

Les anciens fesaient leurs études dans leur langue naturelle, et aprenaient ensuite les langues étrangères. Au renouvellement des lettres en Europe, les études ont été établies en latin, dans les pays où la langue latine servait de langue naturelle. L'on apprenait les règles d'une langue qu'on savait déjà par l'usage, et l'on exerçait les écoliers à l'écrire correctement ; c'est pourquoi l'on commençait les classes par la troisième qui s'appelait alors la classe de grammaire. Les classes inférieures sont d'institution moderne ; on les fesait passer de cette classe, aux humanités et en rhétorique.

En commençant la classe de troisième, l'on mettait entre les mains des enfans une grammaire latine, toute écrite en latin, parce que les enfans savaient déjà le latin par l'usage. Quand l'usage de parler latin s'est perdu en France, et que les enfans sont venus au collège sans entendre cette langue, l'on a établi sucessivement la 4.e, 5.e et 6.e classe, où l'on exerçait les enfans à parler latin, pour suppléer à l'usage qui leur manquait. Quand on a cessé de parler latin dans les classes, l'on a inventé la 7.e, 8.e et 9.e. Moyens impuissans pour suppléer à l'usage d'une langue que l'on ne parle plus, et l'étude du latin est devenue plus longue et plus pénible. Par ce court historique, l'on voit que suivant le plan des anciennes études, il faut savoir une langue par l'usage avant de l'apprendre par principes. Si l'on s'est écarté de cette marche sage et raisonnable, c'est parce que la coutume de parler latin s'est perdue insensiblement.

Comparons à cette marche des anciens, celle qu'on suit maintenant dans les collèges où l'on croit suivre l'ancienne méthode. L'on apprend les principes d'une langue qu'on ne sait pas par l'usage et qu'on ne connaît guère ; l'on exerce à écrire dans une langue dont on ne connaît pas les mots ; l'on traduit une langue qu'on ignore, par une autre que les enfans ne savent pas par principes et même qu'ils ne savent pas bien, surtout ceux des provinces qui connaissent à peine les expressions les plus familières de la langue française. L'on se trouve ainsi, à chaque instant, dans le cas d'expliquer un inconnu par un inconnu, chose absurde.

Que les partisans de la routine ne soient pas effrayés ; ce n'est point une nouvelle méthode que je veux introduire, c'est à l'ancienne que je veux ramener. Les plus grands partisans de la latinité, les Pluche, les Rollin, les Papon et une foule d'auteurs estimables, ont aussi, réclamé contre les abus qui se sont introduits dans l'enseignement. Ils étaient cependant bien loin de vouloir détruire le goût des bonnes études, ils voulaient au contraire y rappeler, surtout à l'étude des langues anciennnes.

Si nous voulons imiter les anciens et revenir à leur méthode, commençons les études par la langue maternelle, et nous formerons plus aisément la mémoire des enfans, nous développerons plus facilement leur esprit. Nous l'ornerons d'une foule de connaissances à leur portée, qui leur faciliteront leurs autres études.

C'est par la langue maternelle, dit M.r Rollin, que doivent commencer les études; les enfans comprennent plus aisément les principes de la grammaire, quand ils les voient appliqués à une langue qu'ils entendent déjà, et cette connaissance leur sert comme d'introduction aux langues anciennes qu'on veut leur enseigner.

Ceci peut s'appliquer à l'étude de toutes les sciences. Les principes de toutes les sciences sont abstraits; les enfans les saisiront plus facilement dans une langue qui leur est naturelle, que dans une qu'ils ne connaissent pas, ou qu'ils n'entendent qu'avec peine. La langue française est le moyen qu'on doit employer pour instruire la jeunesse. Plus les enfans auront de la facilité à s'exprimer en français, de vive voix et par écrit, plus ils feront des progrès dans leurs études. Il faut leur procurer d'abord ce petit talent, ensuite leur apprendre les élémens de toutes les sciences en langue française; par-là, ils entendront plus facilement les auteurs des langues anciennes et modernes qui traitent des mêmes sujets, quand ils seront dans le cas de les voir.

Du Cours d'Etude en langue française.

Les études doivent commencer par la grammaire française; les principes généraux sont communs à toutes les langues; ce sont ceux qu'il importe le plus de savoir. Ils les comprendront mieux appliqués à leur langue maternelle, et ils serviront de base pour l'étude des autres langues. Pour les bien inculquer dans l'esprit des enfans, il faut les accoutumer à faire, ce qu'on appelle en terme de grammaire, les parties du discours. Chaque jour on peut les exercer ainsi sur quelques phrases françaises : c'est le moyen le plus sûr pour les familiariser avec l'application des principes de la grammaire, et cet exercice les accoutumera à les appercevoir en lisant et en écrivant, par conséquent à parler et à écrire par principes. Ils n'auront pas ensuite beaucoup de peine à faire l'application des principes de la langue latine, quand ils apprendront cette langue.

Il est bon de connaître les règles particulières et les exceptions; mais l'on n'apprend bien à les observer, que par l'usage. Beaucoup de maîtres croient avoir appris la langue française aux enfans, quand ils ont mis dans leur mémoire, les règles de la grammaire. Cela ne suffit pas, il faut encore les accoutumer à les observer et les exercer beaucoup à s'exprimer en français, de vive voix et par écrit, et mettre ainsi les préceptes en pratique. Il faut commencer par développer la mémoire des enfans. On leur fera apprendre par cœur le catéchisme, un abrégé de l'histoire sainte, les fables d'Ésope et d'autres ouvrages à leur portée, propres à former l'esprit et le cœur. Un abrégé de l'histoire des Dieux de la fable est aussi indispensable pour leur faciliter l'intelligence de beaucoup d'auteurs.

Pour leur apprendre l'orthographe et beaucoup d'expressions françaises et les exercer à écrire en français, il faut leur faire copier, tous les jours, une ou deux pages d'un livre français, et écrire de tems en tems sous la dictée.

Pour les exercer à s'énoncer facilement, de vive voix et par écrit, il faut leur faire rapporter par écrit, une leçon apprise de mémoire. Exercés à cela, il faut leur faire lire quelques traits d'histoire frappans, leur en faire rendre compte de vive voix, ensuite les rapporter par écrit : on les introduira ainsi à la composition française.

Après cette classe, si les enfans avaient quinze à seize ans, on pourrait les introduire au cours de littérature : cela serait conforme à l'ancienne méthode, où l'on passait, de la classe de grammaire, aux humanités ; mais comme les enfans commencent les études fort jeunes, et qu'ils peuvent finir la classe de grammaire dans un an, il faut attendre qu'ils aient l'esprit et le jugement formés, pour qu'ils puissent suivre les humanités avec succès. En attendant qu'ils aient l'âge nécessaire, il faut leur faire acquérir des connaissances utiles et propres à les disposer au cours de littérature. On pourra donc employer ce tems à l'étude de l'histoire, de la géographie, du latin, du grec, etc.

L'histoire et la géographie sont indispensables ; les enfans y puiseront des connaissances qu'il est honteux d'ignorer. L'intelligence des historiens latins leur sera facilitée par la connaissance des historiens français. L'histoire doit s'apprendre en leur faisant analyser les meilleurs abrégés des histoires qu'il importe le plus de connaître. Cette méthode leur apprendra à tirer du fruit de leur lecture, à résumer et analyser un sujet, et leur formera l'espèce de mémoire la plus utile. Elle consiste à s'accoutumer à ne retenir que l'essentiel, et à négliger les circonstances peu importantes : outre cela, ils acquerront par cet exercice, une grande facilité à écrire en français. La géographie est une science d'images, l'essentiel est d'apprendre aux enfans à se conduire sur la carte, et à se graver dans la mémoire, la position des lieux : l'on exigera donc qu'ils apprennent et récitent leurs leçons, la carte sous les yeux.

L'histoire naturelle n'offre pas seulement des connaissances agréables, mais encore plus utiles qu'on ne croit. Communément, il est bon d'en donner une légère teinture aux enfans.

De l'Etude de la langue latine.

J'ai souvent fait commencer le latin en même tems que le cours de grammaire française. Comme ce dernier cours leur est plus aisé, ils prennent assez d'avance, pour que la connaissance du français leur facilite l'étude du latin. Cependant l'étude de deux langues et de deux grammaires en même tems, a de l'inconvénient, et brouille l'esprit des enfans. L'une après l'autre, elles se donnent les mains, et la première que l'on sait, aide à apprendre l'autre; ainsi il vaut mieux ne commencer le latin qu'après le cours de grammaire française. L'on peut aussi assurer que, plus les enfans seront avancés dans le cours des études en langue française, plus ils auront de facilité pour apprendre le latin. Quand ils savent la grammaire française, les règles générales, qui sont communes à toutes les langues, ne les embarrassent plus. Accoutumés à faire les parties du discours en français, ils n'auront pas de peine à les faire en latin. Exercés à s'exprimer en français, ils expliqueront et traduiront plus facilement le latin. S'ils ont fait leur cours d'histoire, ils comprendront mieux les historiens latins. Quand ils sont accoutumés au langage figuré des auteurs et poëtes français, ils entendent mieux les poëtes et les orateurs latins.

Si l'on veut établir maintenant une méthode facile pour enseigner le latin, il ne faut que la calquer sur celle des anciens. Elle consistait à apprendre la grammaire d'une langue qu'on savait déjà par l'usage, afin de la parler et de l'écrire purement et correctement. Pour s'en rapprocher, il faut commencer par apprendre le latin par l'usage, et ensuite par principes.

Pour parler et écrire facilement une langue, il faut que les mots produisent rapidement dans l'esprit les idées qu'ils servent à exprimer, et *vice versâ*, en même tems que nos idées se présentent à notre esprit, les mots doivent se trouver sur nos lèvres pour les exprimer. Ce talent ne s'acquiert, ni par réflexions, ni par principes. Il ne peut être que le fruit d'un fréquent usage. L'explication est le seul moyen que l'on puisse employer pour enseigner par l'usage d'une langue morte. Ce moyen est assez facile, l'expérience le prouve tous les jours. Il est si rapide que beaucoup d'élèves parviennent à entendre facilement les auteurs de troisième, avant qu'ils aient eu le tems de repasser une fois le rudiment, quoiqu'ils en apprenent plusieurs leçons par jour

Des Explications.

Peu de principes suffisent pour commencer par l'explication. La différence des noms, les enfans l'auront déjà apprise dans la grammaire française. La connaissance des déclinaisons et des conjugaisons françaises leur facilitera l'étude des déclinaisons et des conjugaisons latines. Ainsi que l'observe la méthode de Port-Royal, les règles générales de la syntaxe peuvent se réduire à huit, et ces seules règles suffisent pour pouvoir commencer par l'explication ou la traduction.

L'on s'entiendra donc aux principes généraux qu'on peut réduire à un petit nombre, et communs à toutes les langues. Les enfans les auront déjà vus dans la grammaire française, et ils les verront encore dans le rudiment, et ils les comprendront mieux la seconde fois. Ainsi, dès que les enfans savent les déclinaisons et les conjugaisons, et qu'ils commencent la syntaxe, il faut les faire expliquer. Il ne faut considérer l'explication que comme un moyen d'apprendre les mots, de s'accoutumer à leurs différentes modifications marquées par les différentes terminaisons, et de se familiariser avec la construction naturelle à la langue latine;

c'est-à-dire avec l'ordre dans lequel on doit présenter les idées et placer les mots, conformément au génie de cette langue.

C'est par l'*epitome historiæ sacræ* et par le *cathechismus minor* qu'il faut commencer les explications. Le commencement de ses deux auteurs est très-facile. Des enfans qu'on aura exercés dans la classe de grammaire française, à s'exprimer facilement en français, et qui auront appris un abrégé de l'histoire sainte, pourront expliquer ces auteurs *ad aperturam*. Cela n'est pas cependant nécessaire. Le maître peut au commencement expliquer le premier, mais ensuite il est bon d'accoutumer les enfans à expliquer eux-mêmes, afin de pouvoir expliquer davantage, et plus rapidement. L'analogie, dit Pluche, est le grand maître des langues ; ce n'est que par elle que l'on peut faire des progrès rapides ; mais l'on ne peut la suivre qu'en se familiarisant avec les mots latins et leurs modifications par un grand usage. Les enfans ne peuvent y parvenir que par des explications longues, rapides non interrompues par des réflexions. Il faut donc les faire expliquer *ad aperturam*, et que le maître soit attentif à leur dire promptement les mots qui peuvent les embarrasser, et même qu'il les prévienne et qu'il les leur dise avant qu'ils soient arrêtés, afin que les enfans n'éprouvent pas plus de peine que s'ils les savaient, et que l'explication soit toujours rapide. Ils apprendront alors le latin par le moyen de l'explication, aussi facilement que s'ils étaient dans un pays où l'on parlerait latin, où ils ne l'apprendraient que par l'usage, sans réflexion et sans principes.

Il ne faut pas que le maître se mette en peine de leur faire retenir les mots difficiles. Il faut aussi qu'il évite de s'appesantir sur ceux qui peuvent les embarrasser; il faut qu'il les leur dise promptement, et sans se mettre en peine s'ils les retiennent, afin de ne jamais arrêter les explications dans leur marche rapide. Il faut laisser à la mémoire des enfans, le soin de retenir d'abord ceux qui sont les plus aisés pour eux et qui peuvent leur faciliter l'intelligence des autres. Ils saisiront premièrement ceux qui ont le plus de rapport avec les mots français, ensuite ceux qui reviennent le plus souvent, et enfin, les autres par ordre de difficulté. L'esprit des enfans fait ce choix beaucoup mieux que ne pourrait le faire le maître le plus habile en composant des ouvrages exprès, et l'enfant le plus borné le fait sans s'en appercevoir. Les premiers mots retenus leur servent comme de racine pour comprendre les autres. C'est vouloir retarder leurs progrès que de les obliger à retenir les mots difficiles, en les leur faisant répéter souvent, avant qu'ils soient familiarisés avec ceux qui peuvent leur servir de racine et leur en faciliter l'intelligence. Pour que les mots se présentent à la mémoire, d'eux-mêmes, et pour ainsi dire volontairement, toutes les fois qu'il est nécessaire, il faut les y graver, non par des impressions fortes, mais par des impressions légères et souvent répétées ; il faut qu'ils puissent se remplacer mutuellement et se succéder rapidement les uns aux autres. Des impressions trop fortes s'opposent à ce jeu admirable de la mémoire.

Ce qu'on appelle communément faire la construction latine, n'est que l'art de déranger la construction des phrases latines, pour la rapprocher des phrases françaises qui peuvent y répondre. Or cette opération peut bien avoir quelques avantages, mais elle a de plus grands inconvéniens. Elle peut bien au commencement aider à l'intelligence des phrases ; mais une longue habitude n'est qu'une entrave qui empêche l'esprit de s'accoutumer à la construction naturelle à la langue latine. Le retour à la construction française, est une opération mécanique qui empêche de saisir le génie de la langue latine, d'y conformer l'ordre de nos idées, de sentir les beautés qui en résultent, et d'entendre le latin comme les Romains, c'est-à-dire, sans intermédiaire de la langue française. Il faut toujours tendre à accoutumer les enfans à pouvoir s'en passer, à familiariser leur esprit avec l'ordre des idées naturelles à la langue latine, en un mot, à penser en latin. Quiconque est obligé de faire la construction d'une phrase pour l'entendre, n'a appris qu'un moyen mécanique propre à le conduire à l'intelligence de la phrase; mais il ne sait pas réellement le latin. Le véritable but est de parvenir à l'entendre à la simple lecture, comme les Romains, et à l'écrire comme eux, en pensant en latin, sans intermédiaire de la langue française.

Il est fâcheux que l'on soit obligé d'employer un moyen qui éloigne du véritable but. Il serait donc à désirer qu'on pût se dispenser de faire faire la construction du latin. Il faudrait pour cela avoir des livres élémentaires faits dans cette vue, et où il n'y eût pas plus d'inversions que dans les premières pages de l'*epitome* et du *catechesmus minor*; et qu'on en eût un assez grand nombre, pour que les enfans pussent se familiariser avec les mots latins et leur modification, avant de passer à des livres où il y eut des inversions. En attendant, il faut leur apprendre à faire la construction pour leur servir à comprendre les phrases difficiles, avant qu'ils soient assez exercés pour les entendre par le seul usage. Il ne faut pas les y astreindre, dans celles qu'ils peuvent comprendre sans ce secours. Les enfans négligent naturellement de la faire dans les phrases qu'ils entendent à la simple lecture, et ils s'accoutument ainsi à se passer de la construction. L'on peut parvenir à ce but par des explications fréquentes, et en revenant souvent aux auteurs les plus aisés. L'on n'interrompra pas non plus l'explication pour faire rendre raison des règles, ni pour faire faire les parties du discours; l'on s'occupera de cela après l'explication, ou mieux quand on donnera ou corrigera les versions. Il ne faut pas non plus s'appesantir sur l'explication des choses. Telle idée est incompréhensible pour les enfans, un jour, qui devient très-claire pour eux quelque tems après, soit parce qu'ils la verront présentée sous un aspect plus facile, soit parce qu'ils auront acquis les connaissances propres à leur en faciliter l'intelligence. Quelquefois un mot dit à propos, peut être un trait de lumière, mais des réflexions trop longues, font perdre de vue l'explication. Il faut éviter tout ce qui peut l'interrompre, distraire l'esprit des enfans, et le faire divaguer en portant son attention sur autre chose que sur la simple signification des mots et des phrases qui doivent produire leur impression rapidement et sans réflexion. Tout ce qui peut interrompre cette opération, fait perdre de vue l'analogie qui existe entre les mots et les phrases d'une langue, et sans le secours de l'analogie l'on ne peut pas faire des progrès rapides dans l'étude des langues.

Quand les enfans savent les deux

premiers auteurs, il faut les leur rendre familiers en les leur faisant repasser plusieurs fois. Après il ne s'agit plus que de trouver une suite d'auteurs faciles qui ne diffèrent entr'eux que par un léger degré de difficulté de plus ; de sorte qu'après s'être familiarisés avec l'un, ils puissent passer aux suivants sans éprouver aucune difficulté. Des enfans familiarisés avec l'*epitome* et le *catechismus minor*, n'auront pas de peine à expliquer le commencement des *selectæ è veteri*, ni Sulpice Sevère. L'on peut tirer aussi grand parti du nouveau testament et de l'écriture sainte qu'il est aisé d'expliquer *ad aperturam*.

Comme la langue latine est très-riche et qu'elle abonde en expressions, il faut faire voir aux enfans beaucoup d'auteurs, afin qu'ils puissent connaître tous les mots. Ils apprendront, par-là, le latin, comme s'ils étaient dans un pays où l'on parlerait cette langue. Il est bon, avant de passer à un nouvel auteur, de revenir sur les premiers ; cela ne prend pas beaucoup de tems, vu qu'expliquant rapidement *ad aperturam*, on peut expliquer une vingtaine de pages par heure. On peut les conduire ainsi jusqu'aux auteurs de rhétorique que les enfans parviennent à expliquer aussi facilement que les autres. Quand ils sont familiarisés avec ceux de troisième, il est très-utile d'engager les enfans à préparer leurs auteurs, surtout les poëtes. Ceux qui ont ce soin, font des progrès plus marqués que les autres. Dans chaque classe je leur fais expliquer quelques pages d'un auteur difficile qu'ils doivent préparer. Le reste du tems est rempli par des auteurs plus aisés.

Des Versions.

L'explication est le moyen le plus rapide pour apprendre une langue; il est aussi le plus superficiel et ne suffit pas aux esprits légers; les versions rectifient cela en obligeant à plus de réflexions et à plus d'exactitude. Quand les enfans ont expliqué et repassé un ou deux auteurs, il faut leur faire traduire des morceaux de ce qu'ils ont déjà expliqué rapidement. Exercés à écrire en français, ils auront peu de peine à rendre un auteur qu'ils entendent en partie : la plupart des mots leur seront connus, ils n'auront pas besoin de les chercher tous. Le petit dictionnaire qui est à la fin de l'*epitome* du *de viris*, les accoutumera facilement à les chercher et à se servir ensuite des grands dictionnaires.

Il est tems alors d'approfondir la syntaxe et de les accoutumer à faire les parties du discours et à leur apprendre à faire la construction, comme un moyen propre à les tirer d'embarras dans les occasions où le sens de la phrase et le seul usage ne pourront pas leur suffire. En leur donnant les versions, ou en les corrigeant, on leur fera rendre raison des règles. Si, pendant la classe de grammaire française, l'on accoutumait les enfans à faire les parties du discours, ils n'auraient pas de peine à faire la même chose sur des phrases latines. Pour procéder avec ordre et par gradation, on leur fera distinguer d'abord les différentes espèces de noms ; ensuite les cas et les tems des verbes ; enfin l'on exigera d'eux qu'ils rendent raison des règles.

J'ai déjà dit que la syntaxe de convenance et celle de régime peuvent se réduire à un petit nombre de règles. Beaucoup de règles particulières peuvent se rapporter à celles-ci, par le moyen de la décomposition des mots, ou en suppléant les mots sous-entendus. Les règles sujettes à beaucoup d'exceptions, s'apprennent mieux par l'usage que par les principes. Le *sic voluit usus*, vaut mieux que des règles compliquées. Je donne les preuves de tout ce-ci dans ma méthode ; les bornes d'une analyse ne me permettent pas de les exposer ici. Le rudiment et surtout les particules, sont remplies de règles qui ne portent que sur la différence de la construction des phrases françaises, avec celles des phrases latines qui peuvent y répondre : or ces règles n'appartiennent pas proprement à la langue latine qui est indépendante de la française. Ce ne sont proprement que des réflexions sur les différentes constructions propres aux deux langues. L'on sent aisément qu'elles peuvent être multipliées à l'infini. C'est un labyrinthe où l'on a été conduit insensiblement par l'usage des thêmes. Faisant traduire du français en latin, à des enfans qui ne connaissaient pas la construction latine, il a fallu trouver un moyen de la leur faire deviner par la construction française ; de-là, cette multitude de règles fort étrangères d'ailleurs à la langue latine. Pour s'en convaincre, il n'y a qu'à voir les exemples de ces règles, et considérer les phrases latines en elles-mêmes, par exemple : *Id mihi satisfit*, cela satifait à moi. *Hoc mihi persuasum est*, cela est persuadé à moi. *Id me juvat*, cela me réjouit. *Moneo te (secundum) hanc rem* ou *de hâc re*, je vous avertis touchant cela. Ces règles ainsi entendues sont régulières et rentrent dans les règles générales et n'en demandent point de particulières. Il en est de même d'une infinité d'autres phrases sur lesquelles l'on a établi des règles qui ne sont pas nécessaires, surtout à des enfans qui apprennent le latin par l'usage et par le moyen de l'explication ; et qui s'accoutument à penser en latin, ce qui est le but où l'on doit tendre. L'habitude de traîner la construction latine sur la française, ne sert qu'en én éloigner. La langue latine est indépendante de la française, et ses règles aussi. Pourquoi vouloir la rendre dépendante d'une autre langue ? Dégageons-la de cette entrave et nous en abrégerons infiniment l'étude. Personne n'ignore qu'en rhétorique, les bons écoliers secouent ce joug. Ils rendent les phrases françaises par des phrases latines qui expriment la même idée sans se mettre en peine de la différence de la construction. Ils évitent les difficultés en tournant leurs phrases comme ils veulent. Une autorité, le passage d'un auteur, leur tiennent lieu de règles ; à quoi bon les assujettir à un joug qu'ils sont ensuite obligés de sécouer ?

On suivra pour les versions la même marche que pour les explications ; c'est-à-dire en observant la même gradation pour les auteurs. Les versions étant un moyen plus long que les explications, on ne peut pas leur faire traduire les auteurs entiers. D'abord on fera traduire des morceaux de ceux qu'ils auront expliqués. Ce n'est que lorsqu'ils sont un peu forts qu'on peut leur faire traduire des morceaux qu'ils n'ont pas encore vus.

De la Composition latine.

Les personnes qui auront été surprises que je ne fasse pas commencer le latin par les thêmes, s'attendront, sans doute, que j'en parlerai après avoir parlé des explications et des versions. Point du tout, je pense qu'il faut introduire les enfans à la composition latine, avant de leur faire traduire du français en latin. On peut leur faire faire, pendant quelque tems, ce qu'on appelle des petites phrases : elles pourront être utiles pour accoutumer les enfans à observer les concordances et les leur graver dans la tête. Il est bon même de fixer ainsi sur cet objet l'esprit des enfans légers et inappliqués. Il faut que ces phrases soient très-simples et qu'elles ne renferment que les concordances ; après on les introduira à la composition latine, de la manière qui suit.

Quand les enfans ont expliqué et traduit quelques petits auteurs et qu'ils sont en état de les entendre à la simple lecture, il faut leur en faire apprendre une leçon de mémoire et leur en faire copier tous les jours quelques pages. Exercés à cela, on leur fera mettre par écrit et sans livre, la leçon qu'ils auront apprise. On leur laissera la liberté de remplacer les expressions qu'ils auront oubliées, par d'équivalentes, et même les tours de phrases par d'autres. On les accoutumera ainsi à écrire en latin. Un peu exercés, l'on se contentera de leur lire, une ou plusieurs fois, un trait d'histoire en latin, et on le leur fera rapporter par écrit. On les introduira ainsi à la composition latine, sans traîner leur latin sur des constructions françaises, et en employant toujours des expressions et des tours de phrases vraiment latins. Beaucoup exercés de cette manière, et les enfans ayant la tête meublée de tours et d'expressions latines, on pourra leur lire un morceau français dont on exigera seulement qu'ils retiennent le sens, et on le leur fera rapporter en latin. On pourra ensuite leur faire traduire du français en latin, sans craindre qu'ils tombent continuellement dans des gallicismes. Il faut pour cela leur recommander de ne pas faire attention à la construction des phrases françaises, de ne faire attention qu'au sens, et de le rendre en latin.

Ce que j'ai dit des thêmes, je le dis des vers latins ; il ne faut en faire faire que lorsqu'ils sont très-exercés à composer en latin. Il est ridicule de faire faire des vers dans une langue qu'on ne sait pas écrire avec aisance. Il faut posséder parfaitement une langue pour pouvoir faire des vers. Il faut en connaître toutes les expressions et tous les tours de phrases, afin de pouvoir trouver tout de suite ceux qui peuvent entrer dans les vers et remplacer promptement ceux qni ne se prêtent point à leur mesure et leur en substituer d'autres.

Des dernières Classes.

Après le cours de l'histoire et de la latinité, les enfans ayant une quinzaine d'années, il est tems de commencer le cours de littérature et d'éloquence. Il est essentiel de les y préparer par beaucoup de devoirs d'imitations, qui consistent à leur faire lire les plus beaux morceaux de littérature, de poésie et d'éloquence, et de les leur faire rapporter par écrit. Par ce moyen on agrandira leur imagination, on leur formera le goût, on leur donnera une idée du beau et on meublera leur esprit d'expressions riches, de tours agréables et d'idées grandes. Je regarde cela comme indispensable, à moins que les enfans se soient formés par la lecture des meilleurs auteurs. Des enfans qui ont la tête vide ne peuvent pas composer aisément. S'ils ne connaissent pas les bons modèles, ils donnent dans toutes sortes d'écarts. Comment bâtir sans avoir rassemblé des matériaux, et sans avoir une idée de l'architecture.

Quelques abus que l'on ait fait de la philosophie, je la regarde cependant comme la classe la plus utile. C'est elle qui achève de former le jugement; c'est elle qui rend l'esprit réfléchi et profond; c'est elle qui l'accoutume à se familiariser avec les sujets les plus abstraits, à méditer sur les objets les plus grands, les plus relevés; c'est elle, en un mot, qui achève de former l'homme. La philosophie doit se faire en français; les sujets dont elle traite sont assez abstraits d'eux-mêmes et capables d'absorber toutes nos facultés, quand on veut les approfondir. Pourquoi en augmenter la difficulté en les enseignant dans une langue morte avec laquelle, quelque bien qu'on la sache, l'on n'est jamais aussi familier qu'avec la langue maternelle? L'on peut enseigner les règles des syllogismes en français; on peut même faire argumenter en français pour accoutumer les jeunes gens à la marche aride, mais exacte, de l'argumentation; les exercer à considérer les raisonnemens nus et dépouillés des ornemens qui en éblouissant l'esprit, les font perdre de vue; les former à la forme serrée et précise du syllogisme et à apporter dans toutes les discussions le flambeau de la logique. Des dissertations sur les questions les plus intéressantes de la philosophie et l'analyse des plus beaux morceaux des meilleurs philosophes formeront encore d'avantage les jeunes gens, et ils réussiront beaucoup mieux en français, que dans une langue morte.

RÉSUME.

Pour faciliter les études, ne présentons d'abord aux enfans, que des choses à leur portée; ne les obligeons pas à approfondir des difficultés, quand ils n'ont pas encore acquis les connaissances qui peuvent leur en faciliter l'intelligence. Pour cela, commençons par la langue française, ils comprendront mieux les principes de la grammaire, dans la langue maternelle; exerçons-les beaucoup à écrire en français, et ils traduiront plus aisément le latin. Apprenons-leur en français, l'histoire, la géographie et toutes les petites connaissances qui peuvent servir à former et à orner leur esprit, et leur faciliter l'intelligence des auteurs latins. Enseignons le latin par l'usage, en commençant par les explications ; rectifions, par le moyen des versions, ce que les explications ont de superficiel ; bornons les règles du rudiment, à celles qui sont propres à la langue latine ; éloignons toutes celles qui sont fondées sur la différence de la construction des deux langues ; accoutumons les enfans à penser en latin ; exerçons-les à la composition latine, avant de leur faire traduire du français en latin, et avant de leur faire faire des vers. Nous rendrons, par-là, l'étude du latin plus facile, et la connaissance de cette belle langue plus commune, ainsi que tous les avantages qu'on peut en retirer. L'étude du latin étant considérablement abrégée, il restera du tems aux jeunes gens pour étudier les sciences. Pour leur en rendre l'acquisition plus facile, faisons-les leur apprendre dans la langue maternelle. Les enfans sortiront alors du collège plus instruits qu'ils ne le sont communément, et ils conserveront du goût pour les études, n'ayant pas été dégoûtés par une étude longue, pénible et infructueuse ; car il arrive souvent que des enfans rebutés par la difficulté qu'ils ont éprouvée pour apprendre le latin, et par leur peu de succès, se persuadent facilement, quoique souvent à tort, qu'ils ne sont pas propres à d'autres études. J'ignore si cette courte analyse suffira pour vous donner une idée suffisante de ma méthode. Je crois qu'il serait important de voir les preuves de ce que j'avance ici dans la méthode même. Il serait surtout essentiel de la voir mise à exécution. Il ne suffit pas de faire de beaux projets, l'essentiel est de les exécuter. L'utilité des inventions et des découvertes, ne peut se constater que par l'expérience ; c'est là la pierre de touche. Vous pourrez vous assurer de l'un et de l'autre, à votre passage ici.

www.ingramcontent.com/pod-product-compliance
Ingram Content Group UK Ltd.
Pitfield, Milton Keynes, MK11 3LW, UK
UKHW012111240726
13965UKWH00004B/1700

9 782013 058520